Na(rr)türlich van Tiggelen

...treten Sie ein in das Reich meiner Gedanken!

1. Auflage: März 2014

Herstellung und Verlag:
BoD – Books on Demand, Norderstedt

ISBN: 978-3-7357-9154-2

Inhaltsverzeichnis:

Seite 1	Informationen zum Buch
Seite 2	Inhaltsverzeichnis
Seite 7	Erinnerungen
Seite 8	Vorwort
Seite 10	Abnehmen
Seite 11	Alltagsglück
Seite 12	Altersarmut
Seite 13	Altmodisch
Seite 14	Andere vorschicken
Seite 15	Anerkennung
Seite 16	Angepasst
Seite 17	Anruf gen Himmel
Seite 18	Attacke
Seite 19	Auf eigene Faust
Seite 20	Auskurrieren
Seite 21	Bedingungslos
Seite 22	Behaglichkeit
Seite 23	Behinderung
Seite 24	Berechtigte Ängste
Seite 25	Bescherungs-Wahn
Seite 26	Beweismittel
Seite 27	Bewunderung
Seite 28	Bleib beständig
Seite 29	Bodenständig

Seite 30	Bodenständigkeit
Seite 31	Büdchen
Seite 32	Busenfreunde
Seite 33	Charakterisieren
Seite 34	Dein Freund und Helfer
Seite 35	Der Laubsauger-Mann
Seite 36	Der Superbulle
Seite 37	Dickes Fell
Seite 38	Die Feinheit der Gemeinheit
Seite 39	Die GANZ Starken
Seite 40	Die heutige Jugend
Seite 41	Ehrgeiz
Seite 42	Ehrlichkeit bedeutet
Seite 43	Eifersüchtelei
Seite 44	Ein Hoch auf Paderborn
Seite 45	Ein neuer Tag
Seite 46	Engelsstreich
Seite 47	Es war einmal
Seite 48	Etwas verspätet
Seite 49	Fest der Liebe
Seite 50	Freiheit
Seite 51	Freisprechen
Seite 52	Ganz der Alte
Seite 53	Gerecht
Seite 54	Gesunde Wünsche
Seite 55	Glückspilz

Seite 56	Guter Rat
Seite 57	Hab dich lieb
Seite 58	Hat was
Seite 59	HDGDL
Seite 60	Herzlich willkommen
Seite 61	Heutzutage
Seite 62	Höflichkeiten
Seite 63	Hopp oder topp
Seite 64	Horror-Gesellschaft
Seite 65	Ich bin dein Fan
Seite 66	Ich bin (Frauenversion)
Seite 67	Ich bin stark
Seite 68	Irgendwie clever
Seite 69	Irgendwie utopisch
Seite 70	Jahresende (Danke-Version)
Seite 71	Jahresende (LMAA-Version)
Seite 72	Kaffeebohne (Frauenversion)
Seite 73	Kaffeebohne (Männerversion)
Seite 74	Kleiner Malocherhymne
Seite 75	Kleiner Finger
Seite 76	Kluger Entschluss
Seite 77	Krankenschein muss auch...
Seite 78	Kündigung
Seite 79	Lebe jetzt
Seite 80	Malochertier
Seite 81	Märchenprinz

Seite 82   Mobbing-Helden
Seite 83   Mörderischer Sport
Seite 84   Nachhaken
Seite 85   Nostalgie
Seite 86   Nur Du
Seite 87   Nutze Stolpersteine
Seite 88   Nutzen ziehen
Seite 89   Pokerface
Seite 90   Rechtmachen
Seite 91   Ruhe
Seite 92   Samson-Tag
Seite 93   Schnüffelei
Seite 94   Schrottplatz im Gesicht
Seite 95   Schutz auch dem Menschen
Seite 96   Schweigepflicht
Seite 97   Seelenbaumeltage
Seite 98   Seelenkauf
Seite 99   Selbstvertrauen
Seite 100 Senioren
Seite 101 Sensationsgeilheit
Seite 102 Situationsangst
Seite 103 Sonnenuntergang
Seite 104 Sorgenkinder
Seite 105 Spieluhr
Seite 106 Sprüche(kl)opfer
Seite 107 Stein im Brett

Seite 108	Sunrise-Ruhr e.V.
Seite 109	Tausend Dank
Seite 110	Tief im Westen
Seite 111	Tiere verschenken
Seite 112	Trauer(f)eier
Seite 113	Tritt kürzer
Seite 114	Tunnelblick
Seite 115	ÜBERmütter
Seite 116	Übung macht den Meister
Seite 117	Unerschütterlich
Seite 118	Unterschätzen
Seite 119	Urgroßmobber
Seite 120	Vorgetäuscht
Seite 121	Vorsicht Arbeitslager
Seite 122	Vorsicht beim Outen
Seite 123	Wahre Champions
Seite 124	Weihnachtsloch
Seite 125	Wer hat der hat
Seite 126	Wie uncool
Seite 127	Zucht und Ordnung
Seite 128	Zusammenhalt
Seite 129	Zuversicht
Seite 130	Nachwort
Seite 133	Impressum
Seite 134	Viel zu schnell vergeht ein Jahr

Erinnerungen

Albert van Tiggelen *29.03.1937

Vorwort

Lieber Leser!

Eigentlich wollte ich nach meiner letzten Buchveröffentlichung "Narrenfreiheit" eine kleine lyrische Pause einlegen, jedoch ließ es das Schicksal nicht zu:
Am 22.12.2013 verstarb mein Vater Albert van Tiggelen nach langer, schwerer Krankheit im Alter von 76 Jahren, was mich dazu bewegte, viel eher einen neuen Gedichtband ins Leben zu rufen, als es eigentlich geplant war.

Er war derjenige, der im Jahre 2002 die Lunte zu "Van Tiggelen Junior" anzündete um diesen zum Gedichteschreiben zu animieren.
Zu diesem Zeitpunkt war mein Vater bereits ein paar Jahre lang Rentner und somit auch ein klein wenig Hausmann, so wie ich es seit 1996 nach einem Unfall ebenfalls bin.
Er forderte mich bei einem Telefonat dazu heraus, ein Gedicht über den (armen) Hausmann zu schreiben, wovon ich zuerst gar nicht begeistert war, denn ich mochte

diese Art von Lyrik schon zu meiner Schulzeit nicht sonderlich; doch ließ ich mich von ihm dazu überreden.

Schon ein paar Tage später tauschten wir uns erneut bei einem Telefongespräch aus, um uns unsere Werke vorzutragen. Zugegeben, das Gedicht meines Vaters war besser als das meine, jedoch blieb es für ihn - im Gegensatz zu mir - sein einziges Werk.
Fortan faszinierte es mich, meine Gefühle in Reimen niederzuschreiben, und bis zum heutigen Tag sollten knapp 2000 weitere Gedichte ins Leben gerufen werden, von denen ich bisher etwa 1000 Gedichte in sechs Büchern veröffentlicht habe.
Dieses Buch möchte ich Dir, lieber Papa, gerne widmen - als Dank für all das, was Du für mich in Deinem Leben getan hast. Ich habe Dich lieb.

Dein Sohnemann "Nöbbes"

Nun wünschen wir beide Ihnen viel Spaß beim Lesen!

"Abnehmen"

In der deutschen Sprache gibt es
so ein ganz gemeines Wort.
Vor dem Angeh'n dieses Zieles
laufen viele Menschen fort.

Jahrelange Höllenqualen
haben meistens nichts gebracht.
Doch ich habe eine Kunde,
hört mir zu und gebt jetzt Acht:

Weshalb blieben treu die Pfunde,
warum habt ihr's nie geschafft?
Schuld an diesen Misserfolgen -
war die Erdanziehungskraft!

© Norbert van Tiggelen

Alltagsglück

Ein Sonnenstrahl am Morgen,
ein Licht in dunkler Nacht,
ein Gruß von einem Freund,
ein Kind, das herzlich lacht.

Ein sternenklarer Himmel,
ein Farbklecks an der Wand,
ein Blümchen in der Mauer,
ein Klee am Straßenrand.

Kein Geld kann es ersetzen,
kein Gold bringt es zurück -
wie wichtig ist im Leben
des Alltags kleines Glück!

© Norbert van Tiggelen

Altersarmut

Warst das ganze Leben fleißig,
hast geschuftet wie ein Tier;
gönntest dir im Grunde gar nichts,
wenn, dann höchstens mal ein Bier.

Hast dir deinen süßen Hintern
für die Firma krumm gemacht.
Auch der Fiskus war zufrieden,
aber Vorsicht, nun gib Acht:

Jetzt im Alter musst du büßen,
teils mit Schmerzen, teils mit Hohn.
Denn die Rente, die dir zusteht
gleicht doch nur 'nem Hungerlohn.

©Norbert van Tiggelen

Altmodisch?

Sieht man mich als 'nen Betagten,
nur weil ich stets freundlich bin,
weil ich nichts vom Lügen halte,
nicht von Ruhm und Kohle spinn'?

Sieht man mich als einen Spießer,
nur weil ich auch Danke sag',
weil ich, wenn ich Hilfe brauche,
lieb und nett nach Auskunft frag'?

Sieht man mich als einen Schleimer,
nur weil ich mein' Nächsten lieb',
weil ich ihn nicht demontiere
mit manch fiesem Seitenhieb?

Sieht man mich als einen Nörgler,
weil ich Karten anders misch',
weil ich Höflichkeiten kenne -
bin ich darum altmodisch?

© Norbert van Tiggelen

Andere vorschicken

Bloß nicht mal den Mund aufmachen,
denn man könnt' sich doch blamier'n.
Irgendwann wird schon ein andrer
für dich seinen Hals riskier'n.

Für das Image ist es besser,
hält man sich aus allem raus.
Doch vergiss nicht: Für die andren
siehst du wie ein Däumling aus.

© Norbert van Tiggelen

Anerkennung !!!

Freut euch, ihr Gemobbten,
ihr habt es weit gebracht,
denn ihr seid im Gerede -
man schenkt euch große Acht.

Drum möchte ich euch sagen:
Lasst doch die Mäuler singen!
Denn eure Neider würden
es niemals so weit bringen.

© Norbert van Tiggelen

Angepasst

Wenn der Mensch geboren wird,
dann ist er meistens lieb und rein;
keine Spur von Schlechtigkeiten,
niemals ein Charakterschwein.

Dann, im Laufe seines Lebens,
trifft er leider manche Seelen,
die es mit ihm nicht gut meinen
und ihn sogar richtig quälen.

Sehr frustriert von diesen Plagen,
wird er mit der Zeit ein Geist,
der auf Anstand, Schliff und Güte
einen großen Haufen scheißt.

Oftmals wird er leider auch so -
einer, dem Charakter fehlt.
Ein gewissenloser Schurke,
der die Menschen selber quält

©Norbert van Tiggelen

Anruf gen Himmel

Gerade jetzt zur Weihnachtszeit,
da denke ich an Seelen,
die einst von mir gegangen sind
und mir ganz mächtig fehlen.

Meist werd' ich dabei traurig,
das Herz ist kalt und leer.
Ein Anruf in den Himmel,
den wünsch ich mir dann sehr.

Würd' ich die Stimmen hören,
tät' manche Träne fließen;
jedoch das Fest der Liebe
könnt' freudig ich genießen.

© Norbert van Tiggelen

Attacke !!!

Irgendwann ist Schluss mit lustig,
wenn das Reden nichts mehr bringt;
wenn kein Wort von all den Tadeln
in das Hirn des andren dringt.

Spricht man nur mit Engelszungen,
wird man oftmals unterschätzt,
ausgenutzt und auch veräppelt,
einfach schamlos zugeschwätzt.

Geht das über läng're Zeiten,
wächst im Hals ein dicker Kloß.
Dann gibt's nur noch eins, ihr Hexen:
"Auf die Besen - fertig - los!"

© Norbert van Tiggelen

Auf eigene Faust

Ich mache stets mein eignes Ding,
auch wenn es droht, zu scheitern.
Brauch dazu nicht die Mitarbeit
von einer Schar Begleitern.

Und sollte es mal schiefgeh'n,
wird meist nicht lang geflucht;
denn ich kann würdig sagen:
Ich habe es versucht.

©Norbert van Tiggelen

Auskurieren

Oft schon sagtest du dir tapfer:
"Nimm dir bloß kein' Krankenschein!";
quältest dich halbtot zur Arbeit,
wolltest stets verlässlich sein.

Auch der Chef sah deine Leiden,
doch gejuckt hat es ihn nicht.
Schließlich bist du ja sein Sklave,
Tag für Tag und Schicht für Schicht.

Dich mal fair nach Haus zu schicken,
fiele ihm im Traum nicht ein,
denn durch deine rege Tatkraft
wird er reich - klingt's auch gemein.

Irgendwann, in ferner Zukunft,
wenn dein Balg ist ramponiert,
wirst du klagend zu dir sagen:
"Hätte ich mich mal auskuriert!"

© Norbert van Tiggelen

Bedingungslos

Du bist eine echte Freundin,
darauf bin ich mächtig stolz.
Wir sind beide ein Kaliber
und aus richtig gutem Holz.

Jeder hat sein eignes Leben,
in dem viel zu meistern ist:
Schwierigkeiten auszumerzen,
man sich leider oft vermisst.

Doch wenn's einem von uns mies geht,
dann gibt es nur ein Gebot:
Alles steh'n und liegen lassen -
sich flugs helfen aus der Not!

© Norbert van Tiggelen

Behaglichkeit

Wenn es draußen stürmt und windet,
bin ich liebend gern zuhaus.
Dort ist's kuschlig und gemütlich,
drum spannt auch die Seele aus.

Dann koch ich mir einen Kaffee
oder einen leckren Tee,
Strecke mich auf meinem Sofa -
schlechte Laune ist passé.

© Norbert van Tiggelen

Behinderung

Menschen mit Behinderung
sind keine Ungeheuer,
sie haben nur ein Handicap
und zahlen dieses teuer.

Menschen mit Behinderung,
sie würden sich gern freuen,
die Welt nur schön und farbig sehn
und keinen Tag bereuen.

Menschen mit Behinderung,
sie haben Recht zu leben,
sie suchen nach Bestätigung,
auch das ist ihr Bestreben.

Menschen mit Behinderung,
die schiebt man nicht zum Rand,
sie müssen in der Mitte steh'n,
drum nehmt sie an die Hand!

© Norbert van Tiggelen

Berechtigte Ängste

"Vati, sag mal - eine Frage:,
Ich bin mutig, forsch und jung,
darf ich bitte einmal wagen
einen coolen Bungee-Sprung?"

"Oh mein Junge", sagt der Vater,
"tu das bitte lieber nicht!
Wenn dir dabei etwas zustößt,
ist dein Leben schnell Geschicht'.

Ein kaputtes Gummi war schon
schuld daran, dass du hier stehst.
Soll es jetzt auch dafür sorgen,
dass du heut' schon von uns gehst?!"

©Norbert van Tiggelen

Bescherungs-Wahn

Früher gab's den Kaufmannsladen
oder eine Eisenbahn,
eine schnieke Puppenstube
oder einen Lastenkran.

Legos waren auch der Renner,
ebenso wie Playmobil,
Matchboxautos, Fischertechnik
oder auch ein Puzzlespiel.

Bücher, Puppen, Teddybären
lagen unterm Christbaum oft,
und es waren meistens Dinge,
die wir hatten uns erhofft.

Mittlerweile sind es Handys,
Spielkonsolen, ein PC.
Seh' ich, wie heut Kinder spielen,
tun mir echt die Augen weh!

© Norbert van Tiggelen

Beweismittel

Ein Zehnmarkschein, der war damals
eine ganze Menge wert;
man konnt' shoppen ohne Ende,
locker, frei und unbeschwert.

Alkohol und Knabbereien
für ein heitres Wiegenfest,
Süßigkeiten, Coca Cola,
und zudem zwei Schachteln West.

Heutzutage ist das leider
nicht mehr möglich – gute Nacht!
Weil in jedem Einkaufsladen
dich 'ne Kamera bewacht.

©Norbert van Tiggelen

Bewunderung?

"Neid ist eine Anerkennung",
sagt man oft und auch sehr gern;
aber leider denk ich anders:
Dieser Spruch trifft nicht den Kern.

Neider hatt' ich oft im Leben,
grob geschätzt, fast jedes Jahr.
Diese üblen Konkurrenten
quälten meine Seel' fürwahr.

Menschen, die es nicht verstanden,
dass ein andrer auch was kann,
plagten mich mit ihrer Bosheit,
und das nicht nur dann und wann.

Viele Jahre lang bekam ich's
ungerecht und überhart;
diese Form von "Anerkennung"
hätte ich mir gern erspart.

© Norbert van Tiggelen

Bleib beständig

Manche mögen dich deswegen
weil du so bist, wie du bist.
Geradeaus und unparteiisch,
ehrlich ohne Hinterlist.

Doch es wird auch Seelen geben,
die dich hassen wie die Pest.
Sie tun dieses, weil - ganz einfach -
du dich nicht verbiegen lässt.

©Norbert van Tiggelen

Bodenständig

Bodenständigkeit ist eine
Gabe, Leute, glaubt es mir;
eine Stärke weiser Menschen
und ein Lebenselixier.

Hast du sie nicht, wirst du spüren,
dass du, wenn du Ruhm erlangst,
nicht nur um dein gutes Image,
sondern auch um Freunde bangst.

© Norbert van Tiggelen

Bodenständigkeit

Respekt, den habe ich vor Menschen,
die was können und was tun;
nicht vor jenen, die tagtäglich
faul auf ihrem Hintern ruh'n.

Sind sie dazu noch bescheiden,
plustern sich nicht protzend auf,
nehme ich von ihnen - Klar doch! -
eine Kritik gern in Kauf.

© Norbert van Tiggelen

„Büdchen"

Gern stand ich in Jugendjahren
hier in unsrem deutschen Land
an so mancher Seltersbude,
mit zwei Groschen in der Hand.

Wie oft fiel mir die Entscheidung,
was ich kaufen wollte, schwer;
Veilchen, Waffeln, Zuckerstangen -
alles schmeckte doch nach mehr.

Dann gab's da noch weiße Mäuse,
Knöterich und Esspapier;
Waffelbruch nicht zu vergessen,
„Dreh und Trink" - ein Elixier!

Heiß begehrt war'n auch Salinos,
Silberlinge sowieso;
Brausewürfel, Dauerlutscher
stimmten uns doch meistens froh.

Was war das für ein Erlebnis,
wenn man stolz nach Hause ging!
Schließlich war man unbestritten
mit zwei Groschen noch der King.

©Norbert van Tiggelen

Busenfreunde

Freunde sind wie Busen,
hört sich's auch blöde an.
Ich weiß, wovon ich rede -
und's auch erklären kann:

Die einen sind monströs,
mit stattlichem Gewicht;
die andren eher klein,
man sieht sie beinah nicht.

Zudem gibt es auch echte -
natürlich, einfach, rein;
doch leider auch verkehrte,
gekünstelt ist ihr Schein.

Drum rate ich dir eines,
hör, was ich dir berichte:
Ob Freunde oder Busen -
entscheide dich fürs Schlichte!

© Norbert van Tiggelen

Charakterisieren

Den wahren Kern von einem Wesen
zu erkennen, ist nicht schwer.
Menschen sollte man erkunden,
sonst fährt man oft Kreisverkehr.

Wichtig ist, wie eine Seele -
hört mir zu und seid nicht platt -
Jemand anderen behandelt,
von dem er kein' Nutzen hat.

© Norbert van Tiggelen

Dein Freund und Helfer

Er ist ein Mensch wie du und ich,
spürt Freude, Leid und Schmerz,
in seiner Brust, da schlägt genau
so wie bei uns ein Herz.

Sein Job, der ist nicht einfach
in dieser schweren Zeit,
denn auf den Straßen, reagieren
nicht selten Hass und Neid.

Die Waffe dient zum Schutze
und nicht als Argument,
er pflichtbewusst den Staat vertritt,
dort, wo es täglich brennt.

Die Uniform macht ihn sehr kalt,
was eigentlich nicht ist;
zu Hause die Familie
sich sorgt und ihn vermisst.

Er ist dein Freund und Helfer,
kämpft täglich für das Recht,
behandle ihn nicht wie 'nen Feind,
denn dir geht's auch mal schlecht.

©Norbert van Tiggelen

Der Laubsauger-Mann

Ich kenne einen Menschen,
der nervt mich wirklich sehr;
würd' ihn am liebsten jagen
mit meinem Luftgewehr.

Der Typ hat eine Macke,
und jetzt im Herbst extrem.
Er hockt fast nur am Fenster
und macht sich's dort bequem.

Sieht er jedoch ein Blättlein
auf seinem Gehweg liegen,
dann kriegt er einen Horror,
dass sich die Balken biegen.

Er rennt dann in den Keller
und holt den Sauger raus,
macht Krach wie ein Tornado -
mir wird das bald zum Graus.

Geht das noch etwas weiter,
werd' ich mit ihm ganz harsch.
Dann schieb ich ihm das Teilchen
ganz tief in seinen ….

© Norbert van Tiggelen

Der Superbulle

Er ist ein Ordnungshüter
der ganz besondren Art.
Mit Menschlichkeit und Güte
wird bei ihm nicht gespart.

Jetzt schon seit vielen Jahren
macht er nun seinen Job.
Verlässlich und auch sorgsam -
ein richt'ger Supercop.

Geheim bleibt hier sein Name,
denn Werbung mag er nicht.
Ihm dieses Wort zu halten
seh' ich als meine Pflicht.

Für mich ist er ein Vorbild,
ein Mensch, der weise ist;
direkt und bodenständig,
was man heut' oft vermisst.

Ich glaube, dass er schmunzelt
und Freude durch ihn schießt,
wenn er jetzt genüsslich
diese Zeilen liest.

©Norbert van Tiggelen

Dickes Fell

Wer Pelze trägt, ist lang noch nicht
ein Mensch von großer Klasse,
ein Jemand, der perfekt ist,
ein Licht der dunklen Masse.

Teure Kleidung sagt oft eins:
Der Mensch ist gut betucht,
auch wenn er im Geheimen
zu prahlen meist versucht.

Im Grunde ist er sogar dreist -
warum, sag ich euch schnell:
Wer für sein Antlitz Tiere quält,
der hat ein dickes Fell.

© Norbert van Tiggelen

Die Feinheit der Gemeinheit

Die Feinheit der Gemeinheit
ist einfach zu erklären:
Man muss mit List und Tücke
sich gegen Feinde wehren.

Du lernst sie nicht aus Büchern,
nicht wenn du Feinde meidest -
du bekommst sie beigebracht
in Zeiten, wo du leidest.

Drum sind auch schwere Jahre
nicht immer für die Katz;
wenn du in diesen wachsam bist,
besitzt du einen Schatz.

©Norbert van Tiggelen

Die GANZ Starken

Unter uns gibt's
starke Seelen,
die sich täglich
mächtig quälen,
ihren Kummer
keinem zeigen,
über ihre
Ängste schweigen,
die trotz Leids
noch schelmisch lachen,
dennoch andre
glücklich machen.

© Norbert van Tiggelen

Die heutige Jugend

Die Jugend von heute,
was sind das für Wesen?
Können sie wirklich
kaum schreiben und lesen?
Sind sie tatsächlich
nur rüde und schlecht?
Diese Bewertung,
sie wär' nicht gerecht!

Man sollte sie nicht
durch die Reihe verneinen,
nicht martern, nicht ächten –
denn sowas hilft keinem.
Wir Großen sind die,
von denen sie lernen,
drum dürfen wir uns nicht
von ihnen entfernen.

Gebt ihnen die Chance,
sich zu beweisen!
Es lohnt sich, so glaubt mir,
ihr werdet sie preisen.
NICHT ALLE tragen
vorm Kopfe ein Brett -
da gibt es so manche,
die sind fleißig und nett.

© Norbert van Tiggelen

Ehrgeiz

Jahrelang hast du geschuftet
für dein Ziel, dein eignes Ding;
der Erfolg von deinem Schaffen
an 'nem seidnen Faden hing.

Niemand gab dir Rückendeckung,
sprach zu dir ein faires Lob.
Klar, du hattest viele Neider,
keinen, der dich voran schob.

Jetzt, wo du den Durchbruch schafftest,
spricht man von dir Gutes nur,
niemand hat an dir gezweifelt
und von Missgunst keine Spur.

Heute, mag dich fast ein jeder,
keiner dir die Nerven raubt.
Weißt du, warum du's geschafft hast?
Du hast stets an dich geglaubt!

Glückwunsch!

© Norbert van Tiggelen

Ehrlichkeit bedeutet

Ehrlichkeit bedeutet nicht nur
seinen Nächsten zu belehr'n,
ihm den Spiegel vorzuhalten -
viele machen so was gern.

Ehrlichkeit, das heißt genauso,
seine eignen Fehler seh'n,
sie nicht feige zu bestreiten,
um sie so zu übergeh'n.

©Norbert van Tiggelen

Eifersüchtelei

So manche Schwiegermutter
röhrt wie ein alter Kutter,
und hast du Pech zudem,
ist sie noch unbequem.

Sie mosert und sie nörgelt
auf Teufel komm heraus,
geht dir auf deine Nerven,
und das tagein, tagaus.

Warum sie sich so anstellt,
das sage ich dir nun:
Du hast ihr Kind erbeutet -
drum hasst dich dieses Huhn!

©Norbert van Tiggelen

Ein Hoch auf Paderborn

Was so auf der Welt passiert,
das ist ihm ziemlich schnuppe.
Feste Nahrung kennt er kaum,
höchstens mal 'ne Suppe.

Meistens schellt sein Wecker mittags,
doch das ist ihm viel zu früh,
darum hat er mit dem Aufsteh'n
jeden Tag so seine Müh.

Ihm ist es auch nebensächlich,
dass ein Faulpelz in ihm steckt.
Wichtig ist ihm nur das Eine:
Dass die Paderborner schmeckt.

©Norbert van Tiggelen

Ein neuer Tag

Mit ganzer Kraft erwacht der Morgen,
Gott schenkt uns einen neuen Tag;
wird er mich mit Freud entzücken -
was wohl heut passieren mag?

Wird er einer wie die meisten,
die man einfach so vergisst?
Oder wird's ein ganz besonderer,
wie er im Leben selten ist?

Werd' ich neue Freunde treffen
oder gar 'nen üblen Feind?
Wird es regnen oder stürmen.
vielleicht sogar die Sonne scheint?

Egal, was heute auf mich wartet,
kenne meinen Weg zu gut;
nichts und niemand wird mich halten,
begegne ihm mit ganzem Mut.

© Norbert van Tiggelen

Engels-Streich

Wenn ich irgendwann mal tot bin
und ich hatte richtig Kies,
bin ich zu den Hinterbliebnen
ganz gemein und richtig fies.

Wenn sie schon die Kohle erben,
sollen sie auch etwas tun,
und nicht mit 'nem dicken Bäuchlein
braungebrannt an Stränden ruh'n.

Ich habe einen Plan im Kopf,
den finde ich zum Schießen.
Auf meinem Grab, da steht der Spruch:
Wer erbt, der kann auch gießen!

©Norbert van Tiggelen

Es war einmal...

Früher kosteten zwei Brötchen
zwanzig Pfennig – wunderbar;
eine Bildzeitung 'nen Groschen -
machte dreißig, ist doch klar.

Fünfzehn Cent sind's umgerechnet,
was man ganz schwer glauben kann.
Was ist hier im Land geschehen -
wann fing dieses Chaos an?

Heute kosten diese Dinge
etwa hundertzwanzig Cent.
Das sind schlappe Zweimarkvierzig,
wie das Rad der Zeit doch rennt!

Kriegt der heutige Malocher
auch das Achtfache an Lohn?
Seid mal ehrlich, liebe Leute,
das ist doch wohl echt der Hohn!

©Norbert van Tiggelen

Etwas verspätet

Mensch, wie konnt ich ihn vergessen,
Deinen Ehrentag, ich Clown?
Könnte mir jetzt viele Stunden
in die eigne Fresse hau'n.

Doch was würd mir das jetzt bringen
außer Beulen, Schmerz und Pein?
Darum wünsch ich Dir JETZT lieber
ganz viel Glück und Sonnenschein!

© Norbert van Tiggelen

Fest der Liebe ???

Alle Jahre wieder kommt es,
dieses Fest der Nettigkeit.
Toleranz und Nächstenliebe
machen sich in Herzen breit.

Doch da gibt es, wie ich finde,
ein Problem, das stetig steigt:
Dass man Liebe viel zu häufig
nur mit teuren Gaben zeigt.

Oftmals spart man Ewigkeiten,
denn ein Prachtgeschenk soll's sein.
So will man dem Nächsten zeigen:
Er ist unser größter Schein.

Doch ich möcht' euch eines sagen:
Wer nur teure Gaben ehrt,
der hat nicht sehr viel Charakter
und ist das Geschenk nicht wert.

©Norbert van Tiggelen

Freiheit

Ich brauche meine Freiheit,
sie ist mein Heiligtum;
Sie ist für mich so wichtig wie
für andre Macht und Ruhm.

Drum mag ich keine Menschen,
die Zäune um mich bauen;
sie würden mir dann folglich
die Luft zum Atmen klauen.

Wer mich versucht zu knebeln,
den hab ich prompt gefressen.
Der kann mit mir - ich sag's euch -
verdammt schlecht Kirschen essen!

© Norbert van Tiggelen

Freisprechen

Menschen zu verzeihen, glaubt mir,
das ist meistens nicht so leicht.
Denn der Schatten der Enttäuschung
lange durch die Seele schleicht.

Außerdem, und das ist wichtig,
muss nicht nur der Mund verzeih'n;
auch das Herz, es muss vergeben,
sonst wirst du nicht glücklich sein.

© Norbert van Tiggelen

Ganz der Alte

Bello wird vermisst seit Stunden,
Kater Ben verharrt im Baum,
Sittich Peter ist entflogen -
Mordsgestank in jedem Raum.

Opi ringt nach Luft am Boden,
Mutti schreit: "Was kann das sein?"
Omi greift zu ihren Pillen,
Augen tränen ganz gemein.

Schuld ist Vati, der gemeine,
macht er auch auf keusch und reine,
denn seit etwa ein, zwei Jahren -
ließ er ordentlich ein' fahren.

© Norbert van Tiggelen

Gerecht?

Gott hat uns einst die Welt geliehen,
nicht dafür, dass wir Menschen fliehen,
nicht dafür, dass der eine klaget,
der andere sich in Schampus badet.

Wo Kinder werden drauf getrimmt,
dass Arme keine Menschen sind,
wo Wahrheit nur ein Wort noch ist,
solange Du alleine bist.

Wo die Robbe wird erschlagen,
damit wir Menschen Pelze tragen,
der Herr mit seinem Schatten prahlt,
das Weibchen aussieht wie gemalt.

Wo Liebe meist ein Wort bedeutet,
was man mit Geld sich leicht erbeutet,
entscheidet über gut und schlecht -
ist das denn alles noch gerecht?

© Norbert van Tiggelen

Gesunde Wünsche

Ich wünsche mir zum Weihnachtsfeste
keine Flut von teuren Gaben;
kann mich auch an kleinen Dingen
amüsieren und erlaben.

Wichtig ist am Heiligabend,
dass ich Zeit mit Menschen teile,
die ich liebe, schätze, ehre -
und das ohne Hast und Eile.

Was mir dann noch richtig gut tut
und mich rundum glücklich macht:
Wenn ein jeder dieser Lieben
vor Gesundheit strotzt und lacht.

© Norbert van Tiggelen

Glückspilz

Menschen sind oft unzufrieden,
zetern ständig mit sich rum.
Irgendwelche Bagatellen
rauben ihnen Kraft und Mumm.

Dabei gibt es wirklich Armut
unter unsrem Himmelszelt,
Seelen, die tagtäglich leiden,
deren Existenz zerfällt.

Machte er sich mal Gedanken,
mancher müde Pessimist,
würde er ganz schnell erkennen,
welch ein Glückspilz er doch ist.

©Norbert van Tiggelen

Guter Rat?

Einen guten Rat zu geben,
tat ich "Blödmann" oft und gern.
Mich zu profilieren, glaubt mir,
lag mir dabei wirklich fern.

Doch so manche stolze Seele
nahm mir dieses richtig krumm,
weil sie doch wahrhaftig glaubte,
ich halt sie für leer und dumm.

Mittlerweile mach ich's anders:
Rate dort, wo es sich lohnt.
Nicht bei Menschen, wo im Herzen
blanke Selbstverliebtheit wohnt.

Seitdem hab ich meine Ruhe,
mein Gewissen mich nicht plagt.
Muss nicht immer mit mir schimpfen:
"Hättest du mal nichts gesagt!"

© Norbert van Tiggelen

Hab dich lieb

Anstatt Blumen, die verwelken,
Naschereien oder Schmuck,
pausenlosen Liebesschwüren -
geb' ich dir 'nen sanften Ruck:

Du, mein Schatz, bist für mich alles,
ganz bestimmt mein größtes Los;
will mit dir noch viele Jahre
lieben, lachen - atemlos.

© Norbert van Tiggelen

Hat was

Er hat was, was schwer beeindruckt,
kriegt damit fast jeden rum;
hält er selbst 'ne dumme Rede,
bleiben viele Kehlen stumm.

Damit hat er viele Rechte,
hat er Unrecht, wird's erkauft;
gegen seine Widersacher
er mit Rechtsanwälten rauft.

Er hat das, was viele wollen,
ganz egal, ob jung, ob alt.
Hat ein Mensch davon ganz wenig,
das lässt ihn im Grunde kalt.

Er hat eine Menge Neider,
glaubt darum, er sei ein Held.
Menschlichkeit ist ihm entfremdet -
doch er hat 'nen Haufen Geld.

© Norbert van Tiggelen

HDGDL

Völlig egal,
was auch geschieht,
du bleibst mein größtes
Interessengebiet.
Du bleibst ganz sicher
mein hellster Stern;
selbst wenn du murrst -
ich hab dich gern.

© Norbert van Tiggelen

Herzlich willkommen

Hallo, du kleiner Erdenbürger,
hier auf dieser Welt!
Wir hoffen, dass es dir bei uns
richtig gut gefällt.
Werd' ein Mensch, der mit Verstand
den Pfad des Lebens geht -
und mit dem Lichte Gottes,
das immer zu dir steht.

© Norbert van Tiggelen

Heutzutage

Heutzutage trägt man Tattoos
auf der Stirn und sonst noch wo;
schmückt sich gern mit Implantaten,
festigt Brüste und den Po.

Heutzutage macht man Schulden,
selbst ein Nichtsnutz fährt 'nen Benz,
kann er's Darlehen nicht mehr tilgen,
geht er halt in Insolvenz.

Heutzutage trägt man Piercings,
dort wo's richtig schmerzhaft ist.
Ehrlichkeit und Nächstenliebe
werden lang nicht mehr vermisst.

Heutzutag' ist vieles anders,
und was mich ganz arg erschreckt,
ist, wenn hinter manchem "Topgirl"
wahrhaftig ein Junge steckt.

© Norbert van Tiggelen

Höflichkeiten

Wenn mich etwas richtig ärgert,
sind es Menschen ohne Stil.
Höflichkeiten zu verteilen
das ist ihnen viel zu viel.

"Danke" - "Bitte" - "Gern geschehen",
"Guten Tag" - "Wie geht es dir?"
kann bestimmt ein jeder sagen
und er zeigt damit Manier.

Kennt ein Mensch nicht solche Sitten,
ist er bei mir unten durch.
Für mich ist er dumm und taktlos -
ein ganz primitiver Lurch.

© Norbert van Tiggelen

Hopp oder Topp

Solange du dich unterordnest,
keinen Trumpf von andren stichst,
in den Hintern krauchst als Demut,
Menschen nach dem Munde sprichst,
wirst du keine Feinde haben -
schließlich bist du pflegeleicht;
einer, der vor Ärger flüchtet
und wohl nie ein Ziel erreicht.

Machst du aber deinen Mund auf,
zeigst den Leuten stets die Stirn,
pass gut auf, du stolze Seele –
das geht manchen auf den Zwirn.
Somit bist du unerträglich,
einen Streithahn nennt man dich;
Leute, die so etwas sagen,
haben meistens einen Stich.

©Norbert van Tiggelen

Horror-Gesellschaft

Ich mag keine Horrorfilme,
sowas schau ich mir nicht an.
Nur ein Blick aus meinem Fenster
reicht, dass ich betrübt sein kann.

Unsre kalte Welt dort draußen
ist schon wirklich schlimm genug.
Mit Geduld und offnen Armen
springst du auf den falschen Zug.

Falschheit und auch Ellenbogen
sind zum Überleben Pflicht.
Immer mehr sorglose Menschen
sehen dieses Unheil nicht.

© Norbert van Tiggelen

Ich bin DEIN Fan !

Dich hab ich schon oft bewundert,
schätzungsweise tausendmal;
gegen dich find ich mich scheiße,
höchstens wie 'ne zweite Wahl.

Du hast eine tolle Aura,
die ist einfach grandios.
Wer dich einmal live erlebt hat,
kommt von dir so schnell nicht los.

Doch was ich jetzt grad bemerke -
wie konnt' sowas nur gescheh'n?
Dieser Gruß, der sollt' im Grunde,
glaub mir - zu 'nem andrem geh'n!

© Norbert van Tiggelen

Ich bin...
(Frauenversion)

Ich bin keine Eintagsfliege,
die man einfach so erschlägt;
und auch kein beschränktes Weibsbild,
was man nur bei Not erträgt.

Ich bin auch kein Lückenbüßer,
den man ganz bequem benutzt;
keine, die man ständig knechtet
und danach die Flügel stutzt.

Ich bin kein Ersatzteillager,
in dem man nach Mitteln sucht,
und auch keine Liebessklavin,
die man auf Bestellung bucht.

Ich bin eine stolze Seele,
die Respekt und Anstand kennt;
eine, die auch gern mal mosert
und das Kind beim Namen nennt.

Sorry.

©Norbert van Tiggelen

Ich bin stark!

Ich bin stark - zeig meine Schwächen,
habe damit kein Problem.
Jemand, der sich ständig brüstet,
der kann gleich nach Hause geh'n.

Meistens sind es schwache Seelen,
die sich sehr geschickt verstell'n;
leider nur ganz arme Hunde,
die in leeren Gassen bell'n.

© Norbert van Tiggelen

Irgendwie clever

Mein Hund ist nicht gefährlich,
bei Gott, das ist er nicht.
Er ist halt sozusagen
ein braver, zahmer Wicht.

Doch einen Trick, den hat er:
Das Tier hat richtig Schmalz.
Er schickt dir seine Läuse
ganz schamlos auf den Hals.

©Norbert van Tiggelen

Irgendwie utopisch

Es gibt Frauen - Himmelherrgott! -,
die sind wirklich komisch drauf.
Zur Verschön'rung ihres Körpers
nehmen sie manch' Qual in Kauf.

Lassen sich die Brüste machen,
tragen zudem künstlich' Haar`.
Was natürlich auch gestylt wird:
Nägel, Wimpern – ist doch klar.

Und zum Schluss das Kuriose,
was doch echt nicht wahr sein kann:
Viele nachgeahmte „Frauen"
wollen einen „echten" Mann.

©Norbert van Tiggelen

Jahresende
(Die Danke–Version)

Nun geht es mit großen Schritten
auf das Jahresende zu.
Was ich euch jetzt sagen möchte,
das geschieht gewiss im Nu:

Danken möcht' ich all den Seelen,
die mir hielten treu die Hand,
die mich auch mal kritisierten,
dass ich wieder zu mir fand.

Denen ich mein Leid erzählte,
die mir schenkten oft ein Ohr.
Ich versuch', es zu versprechen:
Nächstes Jahr kommt's seltner vor!

Ohne diese tollen Menschen
- das ist für mich sonnenklar -
wär' mein Leben halb so schön nur -
freu mich schon aufs nächste Jahr!

© Norbert van Tiggelen

Jahresende
(Die LMAA-Version)

Nun geht es mit großen Schritten
auf das Jahresende zu.
Was ich euch jetzt sagen möchte,
das geschieht gewiss im Nu:

Danken möcht' ich all den Seelen,
die mich nervten Tag für Tag,
denen ich auch in der Zukunft
ordentlich die Meinung sag'.

Die, die über mich mehr wissen
als mein eignes Fleisch und Blut
und sich an Getratsch ergötzen -
doch zum Handeln fehlt der Mut.

Liebe Leute, lasst euch sagen:
„Frohes Neues" – klingt's auch harsch.
Ihr habt niemals eine Chance,
seht es ein – LMAA!

© Norbert van Tiggelen

Kaffeebohne
(Frauenversion)

Ohne Kaffee wär' ihr Leben
unbedeutend, trist und leer.
Ein paar Stunden drauf verzichten,
fällt ihr so unendlich schwer.

Würde er ihr mal ausgehen,
Himmelherrgott, welch ein Graus!
Sie würd glatt zur Hex' mutieren -
dann säh's wirklich düster aus.

Sie tankt ihn oft literweise,
diesen Trank aus Koffein.
Morgens, mittags und auch abends,
das ist halt ihr großer Spleen.

Würd' ein andrer diese Menge
trinken, hätt' er ein Problem.
Er würd' Schweißausbrüche kriegen,
und das sogar ganz extrem.

Ihr jedoch macht das rein gar nichts,
"Einer geht noch", sagt sie sich.
"Kaffeebohne" könnt' sie heißen,
passen␣tät' es sicherlich.

© Norbert van Tiggelen

Kaffeebohne
(Männerversion)

Ohne Kaffee wär' sein Leben
unbedeutend, trist und leer.
Ein paar Stunden drauf verzichten,
fällt ihm so unendlich schwer.

Würde er ihm mal ausgehen,
Himmelherrgott, welch ein Graus!
Er würd glatt zum Lump mutieren -
dann säh's wirklich düster aus.

Er tankt ihn oft literweise,
diesen Trank aus Koffein.
Morgens, mittags und auch abends,
das ist halt sein großer Spleen.

Würd' ein andrer diese Menge
trinken, hätt' er ein Problem.
Er würd' Schweißausbrüche kriegen,
und das sogar ganz extrem.

Ihm jedoch macht das rein gar nichts,
"Einer geht noch", sagt er sich.
"Kaffeebohne" könnt' er heißen,
passen tät' es sicherlich.

© Norbert van Tiggelen

Kleine Malocherhymne

Kleiner Malocher,
du Rindvieh des Staates,
wirst arg gemolken
und das schon seit Jahren.
Du fragst dich berechtigt:
"Warum soll ich Ochse
trotzdem, dass ich schaffe,
mich bremsen und sparen?"

Kleiner Malocher,
ich möcht' was bemerken:
Ich ziehe mein' Hut
vor deiner Geduld.
Man saugt wie ein Egel
an deinem Vermögen,
du lässt es dir nehmen,
ganz ohne Tumult.

Kleiner Malocher,
du Stütze des Landes,
dir schmerzen die Knochen,
das Herz und der Kopf.
Wärst du nicht so strebsam,
geduldig und leise -
wäre manch Mensch hier
ein ganz armer Tropf.

© Norbert van Tiggelen

Kleiner Finger

Reichst du mal den kleinen Finger,
um zu helfen - was passiert?
Häufig wirst du abgezogen
und dann auch noch massakriert.

Meistens leider - oh, wie traurig! -
hast du dich, na klar, verzählt,
denn du Blödmann merkst ganz plötzlich,
dass der ganze Arm dir fehlt.

© Norbert van Tiggelen

Kluger Entschluss?

Der Klügere macht eines:
Im Streitfall nachzugeben.
Er sorgt geschickt im Nu dafür,
als hätt's ihn nie gegeben.

Doch macht er dieses öfters
- verdammt nochmal, welch Mist! -,
ist er letztendlich der,
der dumm und unklug ist.

© Norbert van Tiggelen

Krankenschein muss auch mal sein!

Schwerer Kopf und müde Beine,
schon seit Tagen geht's dir schlecht.
Jeder Gang zu deiner Arbeit
ähnelt dem zum Folterknecht.

Lange wird das nicht mehr gutgeh'n,
du fühlst dich total verbraucht.
Jede Schicht in deinem Zustand
nicht nur deinen Körper schlaucht.

Darum mach mal eine Pause,
klingt es jetzt auch nicht ganz nett:
Kaum ein Chef auf dieser Erde
hält deine Hand am Krankenbett.

© Norbert van Tiggelen

Kündigung
(Losschreibung vom Sklavendienst)

Mein mir treuer Angestellter
war stets für die Firma da,
konnte über ihn nie klagen,
er stets zuverlässig war.

Die ihm auferlegten Pflichten
meisterte er sehr geschickt.
Krankenscheine, waren selten,
er hat meistens brav genickt.

Nebenher noch eine Kunde:
Er ist nicht ganz unscheinbar.
Hab ihm fristgerecht gekündigt,
weil er mir zu ehrlich war.

Schließlich bin ich sein Ernährer,
der ihm bringt, das täglich Brot.
Er muss mir die Füße küssen -
tat er nicht, der Idiot.

© Norbert van Tiggelen

Lebe jetzt

Lebe jetzt und nicht demnächst,
als sei's dein letzter Tag!
Schlemme jeden Augenblick,
ganz ohne Stress und Plag'!

Morgen schon, wenn's übel läuft,
kann vieles anders sein;
das Leben tritt ein' ab und zu
auch in den Hintern rein.

Ein Unglück, welches dir passiert,
kann dich spontan zerstören.
Aus diesem Grunde solltest du
auf meinen Ratschlag hören!

© Norbert van Tiggelen

"Malochertier"

Der, der ackert wie ein Pferd,
lebt nicht selten sehr verkehrt.
Denn am Abend – das mit Grund -
ist er fertig wie ein Hund.

Schafft er zudem auch noch fleißig
wie `ne Biene, liebe Leut',
ist sein Chef der Frohgemute
der sich richtig dran erfreut.

Aus den vielen Überstunden
wurde er nicht wirklich schlau.
Denn im Grunde ist er heut' noch
eine kleine arme Sau.

Irgendwann bemerkt auch dieser,
und das ist kein großer Hehl:
Er war all die vielen Jahre
leider dumm wie ein Kamel.

Doch es gibt da einen Vorteil,
der ist einfach zu versteh'n:
So ein Mensch kann, wenn er krank ist,
auch zu einem Tierarzt geh'n!

©Norbert van Tiggelen

Märchenprinz

So ein richt'ger Märchenprinz
muss keine Drachen töten.
Er braucht auch keinen großen ...
dass all die Frau'n erröten.

Humor, den sollt' er haben,
und Rückgrat, ist doch klar;
kein' Körper wie ein Hüne
und auch kein goldnes Haar.

Zudem muss er auch ehrlich sein
und zu Gesagtem steh'n.
Dann kann man mit ihm unbeschwert
den Pfad des Lebens geh'n.

© Norbert van Tiggelen

"Mobbinghelden"

Mobbingopfer, das sind Menschen,
die nicht schwach und wehrlos sind.
Da täuscht man sich ganz gewaltig,
ich erklär es euch geschwind:

Oft sind es besondre Seelen,
mit 'nem ganz pikanten Stil,
darum werden sie beneidet -
so läuft das Gesellschaftsspiel.

Einmal ins Geschwätz gekommen,
werden Lästermäuler mehr.
Jeder will dich schmerzend treffen
mit dem spitzen Lügen-Speer.

Schon so manche Menschenseele
hat durchstanden lange Pein;
darum werden sie für mich auch
"HELDEN" und nicht "Opfer" sein.

© Norbert van Tiggelen

Mörderischer Sport

Wenn Menschen etwas Großes planen,
ist im Wege oft das Tier;
darum wird es ausgerottet.
Schuld daran ist nur die Gier.

Ob für Fußball, Leichtathletik,
Sommer- oder Wintersport,
man begeht an diesen Wesen
- kaum zu glauben - sogar Mord!

Ist der Mensch denn mittlerweile
wirklich sowas von verdreht,
dass er nur des Geldes wegen
eiskalt über Leichen geht?

©Norbert van Tiggelen

Nachhaken

Für den ersten Eindruck, glaub mir,
gibt es keine zweite Chance.
Direkt auf die Nas' gefallen,
schwebt man erst einmal in Trance.

Doch gib Acht, dass du nicht brandmarkst,
lass dich bloß nicht irritieren,
denn ein zweiter Eindruck könnte
durchaus manches reparieren.

© Norbert van Tiggelen

Nostalgie

Keinen Kampf um Einkaufswagen,
auch kein lautes Kindsgeschrei;
Herzblut pochte in Regalen,
vom Schnittbrot bis zum Bio-Ei.

Auf dem kalten Tresen glänzten
Bonbongläser, hochpoliert;
fandest keinen launisch' Kunden,
der sich kalt im Gang verirrt'.

Ein Stück Fleischwurst an der Theke
reichte man in Kinderhände,
saß das Geld nicht ganz so locker,
gab's Kredit bis Monatsende.

Wie gern ging ich als kleiner Bub
in diese schmucken Lädchen rein,
wo man immer lieb gefragt wurd':
„Bitteschön, darf's noch was sein?"

Einkauf an der Straßenecke,
stressfrei und in Harmonie,
dabei Plaudern mit dem Nachbarn -
das war pure Nostalgie.

©Norbert van Tiggelen

Nur Du

Du bist tagtäglich
der Sinn meines Lebens.
Ohne Dich wäre
mein Dasein vergebens.
Du bist für immer
mein taufrischer Trieb;
auch wenn du mäkelst -
ich hab dich ganz lieb.

© Norbert van Tiggelen

Nutze Stolpersteine

Steine, die im Wege liegen,
können oftmals hilfreich sein.
Weiß man sie nur gut zu nutzen,
klirrt so manches Fensterlein.

Bau 'nen Turm aus diesen Steinen,
möglichst hoch und auch stabil.
Zeige deinen dummen Neidern,
du hast deinen eignen Stil.

Steig auf dieses tolle Bauwerk
und genieß' die Aussicht dann.
Jauchze freudig und von Herzen,
dass es jeder hören kann.

Und dann noch, vergiss es bloß nicht,
fass die Möglichkeit am Schopf:
Räch dich an den "Steinelegern" -
pinkle ihnen auf den Kopf!

© Norbert van Tiggelen

Nutzen ziehen

Was ich niemals machen würde,
schreibe ich euch jetzt geschwind:
Mich bei Menschen einzuschmeicheln,
nur weil sie mir nützlich sind.

Ihnen einen Freund darbieten,
der ich eigentlich nicht bin,
Nettigkeiten vorzuspielen,
käme mir nicht in den Sinn.

So viel Macht kann keiner haben,
ebenso wie Ruhm und Geld,
dass ich mich ihm präsentiere
wie der beste Freund der Welt.

© Norbert van Tiggelen

Pokerface

Heutzutage musst du oftmals
über den Gefühlen steh'n.
Zeige nicht, was dich belastet,
sonst wirst du schnell untergeh'n.

Simuliere stets den Harten,
den nicht das Geringste schockt.
Jemand, der bei hohem Einsatz
klug und lässig weiterzockt.

Würde man die Schmerzen spüren,
die dich quälen dann und wann,
hättest du ein schweres Leben,
mime Kühnheit - denke dran!

© Norbert van Tiggelen

Recht machen

Es den Menschen recht zu machen,
ist ein wahrlich schwerer Job.
Deine Mühen, es zu schaffen,
enden meistens als ein Flop.

Eines ist zudem ganz sicher,
irgendwer kriegt keine Ruh.
Er bleibt letztlich auf der Strecke -
dieser jene, der bist DU!

© Norbert van Tiggelen

Ruhe

Ruhe ist was ganz Besondres,
sie küsst deine Seele zart,
sie liebkost auch deinen Körper -
das ist einfach ihre Art.

Ruhe schenkt dir innren Frieden,
sorgt dafür, dass du dich stärkst.
Hast du sie nicht regelmäßig,
du nur Frustration bemerkst.

Ruhe heißt der Pol der Weisen,
ganz speziell für den, der schafft.
Herzblut deines täglich' Lebens,
denn in ihr, da liegt die Kraft.

© Norbert van Tiggelen

Samson-Tag

Mann, das wär doch richtig klasse,
so ein Tag Erholung mehr.
Eine Wochenendaufstockung,
das gefiel' uns wirklich sehr.

Dem so kurzen Wochenende
einen Tag hinzuzutun,
wo man werkelt oder feiert,
oder nur, um auszuruh'n.

Drum plädiere ich jetzt lautstark
für den „Samson-Tag" ganz schnell;
es entfällt dafür der Montag -
also ich find's originell!

©Norbert van Tiggelen

Schnüffelei

Halt dich raus aus fremden Sachen,
die dich gehen gar nichts an.
Neugier ist ein übles Laster,
das dir Groll bescheren kann.

Bist du einmal aufgefallen
als ein Mensch, der spioniert,
kannst du dich auf eins verlassen -
Wirst du ruckzuck aussortiert.

©Norbert van Tiggelen

Schrottplatz im Gesicht

Eigentlich `ne richtig Hübsche,
tolle Augen, Wahnsinnsblick.
Auch der Rest nicht zu verachten,
rundum wirklich alles schick.

Doch wenn sie beginnt zu husten,
wird's auf einmal richtig laut,
als ob jemand mit 'nem Knüppel
kräftig auf 'ne Kette haut.

Schuld sind ihre ganzen Piercings,
ich verstehe so was nicht!
Warum deformier'n sich Mädchen -
mit 'nem Schrottplatz im Gesicht?

©Norbert van Tiggelen

Schutz (auch) dem Menschen

Hör' ich manche Kehlen lästern,
wird mir unverzüglich schlecht.
Stell'n die Menschen hin, als sei'n sie
meistens kalt und ungerecht.

Ganz besonders zu den Tieren
sind WIR generell gemein.
Zu solch dummen Äußerungen
sage ich entschieden Nein.

Ich kenn' keine Menschenseele,
die ein Tier hat je gequält;
diese Abart schon von jeher
zu den schlimmsten Taten zählt.

Es gibt viele, viele Menschen,
die dem Tier ein Helfer sind.
Sie behandeln's so behutsam,
als wär' es das eigne Kind.

© Norbert van Tiggelen

Schweigepflicht

Wer zur Schulzeit schon gekränkt wurd',
weiß genau, wovon ich schreib.
Ständig wurdest du erniedrigt,
blaue Flecken oft am Leib.

Weintest viele stille Tränen,
denn man sollte sie nicht seh'n.
Bei den Eltern wurd' geschwiegen,
dass sie nicht zum Lehrer geh'n.

Diese Rowdies, die dich quälten,
wussten oft nicht, was sie tun.
Deine Seele wurd' gepeinigt,
kam auch nachts nicht mal zum Ruh'n.

Viele Jahre sind vergangen,
dir wird heut noch angst und bang;
diese Sprüche, Schläge, Tritte
folgen dir ein Leben lang.

© Norbert van Tiggelen

Seelenbaumeltage

Hin und wieder gibt es Tage,
da streng' ich mich nicht groß an.
Lasse meine Seele baumeln,
leg die Beine hoch – entspann.

Immer nur Strapazen spüren,
tut der Psyche gar nicht gut.
Darum schenke ich ihr gern mal
eine Pause, dass sie ruht.

©Norbert van Tiggelen

Seelenkauf?

Hochpolierte Messer stecken
zwischen Zähnen frisch gewetzt,
der Verbraucher außer Atem
durch die Filialen hetzt.

Menschen stürzen sich auf Waren,
dürfen überteuert sein.
Schließlich zeigt man seine Liebe
gern mit manchem Euroschein.

Dieser geisteskranke Kaufrausch
fördert doch nur den Kommerz.
Wie viel Liebe dieses Fest trägt,
das bestimmt nicht mehr das Herz.

Wichtig sind die Etiketten
mit den hohen Preisen drauf.
Für den Liebesschwur beim Nächsten
nimmt man gar Kredite auf.

© Norbert van Tiggelen

Selbstvertrauen

Über Niederlagen
lachen,
trotzdem seine
Pläne machen,
dumme Sprüche
schnell verdauen -
nichts geht über
Selbstvertrauen!

© Norbert van Tiggelen

Senioren

Menschen, die'n Rollator schieben,
sind doch meistens recht betagt.
Dazu kommt, dass tief in ihnen
oft der Frust des Alterns nagt.

Merkt euch bitte: Alt wird jeder,
davon ist kein Mensch befreit.
Nehmt sie einfach mal beiseite -
und schenkt ihnen Menschlichkeit!

© Norbert van Tiggelen

Sensationsgeilheit

Heutzutage ist's oft leider
so, dass Menschen herzlos sind;
wollen Sensationen sehen,
Männlein, Weiblein, auch das Kind.

Wichtig ist, es gibt Gesprächsstoff,
ist er auch gemein und schlecht.
Ob ein Mensch 'nen Unfall hatte,
ob sich wer am andren rächt.

Meistens wird dort zugesehen
und noch lautstark applaudiert,
angestachelt und gejubelt -
selbst, wenn dabei wer krepiert.

© Norbert van Tiggelen

Situationsangst

Kennst du sie, die Angst zu scheitern,
was du anpackst, das misslingt.
Vorher noch 'ne große Klappe,
jetzt dir nur die Flucht gelingt.

Wieder bist du fortgelaufen,
vor dir selbst und dem Problem.
Du hasst dieses Unvermögen,
wie ein eitriges Ekzem.

Deprimiert ziehst du von dannen,
magst dich selber schon nicht mehr,
sagst dir: "Nächstes Mal wirds anders,
dann gelingt die Gegenwehr."

Doch bis dahin wirst du hadern,
mit dir selbst und lange Zeit;
hinkst frustriert zurück ins Nestchen,
tiefer Unmut macht sich breit.

© Norbert van Tiggelen

Sonnenuntergang

Ein Traum von Farben sagt goodbye,
die Nacht setzt erste Kräfte frei,
die Sonne schminkt das Firmament,
es scheint, als ob der Himmel brennt.

Gedanken sich in ihm verhüllen,
würd' ein Buch mit Worten füllen!
Beim Anblick macht sich Freude breit,
aber auch nicht selten Leid.

Lass Deinen Sinnen freien Lauf,
nimm Emotionen stets in Kauf,
denn diese herrlich' Prozedur
ist eine Gabe der Natur.

© Norbert van Tiggelen

Sorgenkinder

Viel zu häufig gibt es Eltern,
unvermögend, kalt wie Eis;
schieben ihre Kinder täglich
auf ein kaltes Abstellgleis.

Können keine Liebe geben,
denn ihr Herz lässt es nicht zu.
Drücken, kuscheln und liebkosen
war schon immer streng tabu.

Eines Tages flüchten diese
Kinder aus dem Elternhaus,
leben auf den kalten Straßen,
für das Volk kein Augenschmaus.

Was aus ihnen eines Tages
wird, erkennt sogar ein Blinder:
Diese armen kalten Wesen
sind dann „UNSRE" Sorgenkinder!

©Norbert van Tiggelen

Spieluhr

Je nach Lust und Laune kommst du
zwischendurch mal zu mir hin.
Manchmal glaube ich wahrhaftig,
dass ich deine Spieluhr bin.

Ziehst sie auf, wann du sie möchtest,
um zu hören schönen Klang.
Hast du auf sie keine Lust mehr,
kommt sie wieder auf den Schrank.

Sag mal, bist du echt der Meinung,
dass ich dieses Spiel nicht merk'?
Meinst wohl, du seist ganz gerissen?
Du verruchter Wurzelzwerg.

Hör mir zu, was ich dir sage,
nun bekommst du klare Sicht:
Mach dich nicht zu meinem Feinde -
denn mit mir, da spielt man nicht!

© Norbert van Tiggelen

Sprüche(kl)opfer

Überkluge Machosprüche -
hör ich sie, dann wird mir schlecht.
Schlimm ist auch, dass so ein "Klopfer"
meistens meint, er sei ein Hecht.

Seine SCHNELLE Art, zu denken,
liegt ein Lichtjahr UNTERM Schall.
Es reicht nicht mal, um zu merken:
Hochmut kommt vorm tiefen Fall.

© Norbert van Tiggelen

Stein im Brett

Menschen, die mir Böses taten,
glaubt mir, die vergess ich nicht.
Eines Tages mancher Zeuge
ganz bestimmt sein Schweigen bricht.

Diese üblen Machenschaften
taten weh, so manches Jahr.
Aber dank verschiedner Freunde
überstand ich's annehmbar.

Hätt ich diese guten Seelen
nicht gehabt in dieser Zeit,
wäre ich vielleicht zerbrochen
und ein Mensch voll Traurigkeit.

Diese Freunde haben bei mir
- ist das nicht loyal und nett? -
für die nächsten hundert Jahre
garantiert 'nen Stein im Brett.

Danke, dass es euch gibt!

© Norbert van Tiggelen

Sunrise-Ruhr e.V.

Hier wird nicht sehr lang gewartet
oder endlos diskutiert,
tatenlos nur zugesehen,
wenn ein Mensch im Kalten friert.

Hier ermöglicht man den Kindern
„gnadenlosen" Ferienspaß;
bei verschiednen Abenteuern
manch ein Spross die Zeit vergaß.

Hier hilft man auch alten Menschen,
die allein recht hilflos sind;
sorgt für einen blauen Himmel
und für etwas Rückenwind.

Hier beseitigt man Probleme,
packt mit fleiß'gen Händen zu.
Man sorgt sich um seinen Nächsten -
wegzuschau'n ist hier tabu.

Hier hilft man bedauernswerten
Menschen aus der tiefsten Not.
„Sunrise" ist für viele Seelen
ein bewährtes Rettungsboot.

©Norbert van Tiggelen

1000 Dank

1000 Dank für Deine Freundschaft,
die mir schon seit langem treu.
Du bist jemand, den ich brauche,
mich auf Dich tagtäglich freu.

1000 Dank für Deine Worte,
die mir geben ständig Kraft.
Du bist jemand, der mich aufbaut,
wenn der Alltag mich geschafft.

1000 Dank für Deine Liebe,
die mich fürsorglich umhüllt.
Du bist jemand, der zu mir steht
und mein Herz mit Wärme füllt.

1000 Dank für Deine Wahrheit,
die mir lebenswichtig ist;
und nun möchte ich Dir sagen,
dass mein Edelstein Du bist.

© Norbert van Tiggelen

Tief im Westen

Hier bei uns ganz tief im Westen
rollt der Fußball durchs Revier,
ob in Schalke, Bochum, Dortmund,
er ist unser Elixier.

Hier bei uns ganz tief im Westen
spricht man gern mit "datt" und "watt",
nennt die Freunde gerne "Kumpels",
trägt vorm Munde oft kein Blatt.

Hier bei uns ganz tief im Westen
isst man Pommes gern rot-weiß,
tut auch gerne mal laut fluchen:
"Watt is datten für 'nen Scheiß?"

Hier bei uns ganz tief im Westen
sagt man "Tschüssken" und "Glück auf".
Wenig Kohle ha'm hier viele,
doch da pfeift man meistens drauf.

Hier bei uns ganz tief im Westen
ist man gerne geradeaus,
nennt das Kind zumeist beim Namen -
Schluss, Punkt, Ende, fertig, aus!

© Norbert van Tiggelen

Tiere verschenken!?

Tiere zu verschenken,
und das zum Weihnachtsfest,
ist oft ein richt'ges Wagnis -
gibt man dem Tier ein Nest?

Die ersten zwei, drei Wochen
ist 's Tier die größte Freud.
Doch kurze Zeit dann später
wird's oft nicht mehr betreut.

Auf einmal ist es lästig
und wirkt wie eine Last.
Dann schiebt man's ab ins Tierheim,
es fühlt sich - klar - gehasst.

Drum rate ich euch eines:
Schenkt Tiere mit Bedacht!
Sie haben zarte Seelen,
sind keine kalte Fracht.

© Norbert van Tiggelen

Trauer(f)eier

Es war einmal ein Fürzlein,
das ging ganz leis' auf Reisen.
Es kroch fast unbemerkbar
zu den kalten Speisen.

Im Kühlschrank angekommen,
da machte es sich bereit,
stank so etwas von scheußlich,
als sei es gar zu zweit.

Die Eier kriegten Panik -
selbst ihnen wurde schlecht.
Da sagte eins ganz schwächlich:
„Wer hat von euch gezecht?"

Ein andres sagte darauf:
"Es stinkt hier so verdorben -
vielleicht ist eins von uns
an Altersschwäch' gestorben?"

©Norbert van Tiggelen

Tritt kürzer!

Manchmal muss man Egoist sein,
da gibt's keine Diskussion.
Immer nur für andre da sein
sorgt einmal für Frustration.

Es sind zwar sehr nette Gesten,
doch sei bloß kein Hampelmann;
ich will dir damit nur sagen:
Vorsicht, man gewöhnt sich dran!

© Norbert van Tiggelen

Tunnelblick

Schau doch ruhig nach vorne,
dreh dich bloß nicht um,
wirst so niemals erkennen,
die Welt, sie bringt sich um.

Schau doch nicht nach rechts,
dann könnte es passieren,
dass du Kinder spielen siehst,
die elendig krepieren.

Schau doch nicht nach links,
da sieht's nicht besser aus,
dort erblickst du Menschen,
die geben Blut Applaus.

Schau doch nicht nach hinten,
dann würdest du noch lernen,
dass wir uns seit langer Zeit
vom Herrgott stets entfernen.

Hast du auch noch taube Ohren,
dann nicht zu dir dringt,
dass der Vogel auf dem Ast
sein letztes Lied bald singt.

© Norbert van Tiggelen

ÜBERmütter

Sie verhätscheln ihre Kinder,
jeden Tag von früh bis spät;
füttern sie stets unermüdlich,
bis kein Stück mehr runtergeht.

Waschen, bügeln, putzen, schrubben
nur für sie den ganzen Tag,
um von ihnen abzuwenden
jede Müh und jede Plag'.

Schneiden ihnen Apfelstücke
schalenlos und mundgerecht,
legen ihnen's noch ins "Mündchen" -
seh' ich das, dann wird mir schlecht.

Doch passt auf, ihr Übermütter,
eines Tages, seht ihr's dann:
Dass so manches eurer Kinder
draußen nicht bestehen kann.

© Norbert van Tiggelen

Übung macht den Meister

Ein Handwerk zu erlernen,
das ist nicht immer leicht.
Denn dazu zählt auch Praxis,
dass es zum Fachmann reicht.

Doch wo soll man bloß üben,
damit das Können steigt?
Im eignen Heim ist's blöde,
weil's dir dort niemand zeigt.

Am besten ist's beim Kunden,
denn wenn es dort misslingt,
dann kostet's dich ein Lächeln,
was höchstens Freude bringt.

Drum, Lehrling, lass dir sagen,
die Regel ist sehr wichtig:
Woanders kannst du üben –
zu Hause machst du's richtig!

©Norbert van Tiggelen

Unerschütterlich

Man fragt dich nach deiner Stärke,
dich scheint gar nichts umzuhau'n.
Stolpersteine nutzt du dazu,
um 'nen Aussichtsturm zu bau'n.

Unermüdlich gehst du weiter
deinen steilen Lebenspfad.
Nichts und niemand kann dich bremsen,
tanzt von jeher auf dem Grat.

Irgendwann, nach all den Pleiten,
Heimtücken und übler Schmäh,
ist es so, dass du eiskalt bist -
dir tut einfach nichts mehr weh.

© Norbert van Tiggelen

Unterschätzen

Unterschätze nie im Leben
deine Gegner, glaub es mir.
Hochmut ist nach meiner Meinung
keine wirklich gute Zier.

Außerdem hat eine Seele,
die so denkt, meist nichts bewegt.
Darum wird sie auch nicht selten
spielend leicht aufs Kreuz gelegt.

©Norbert van Tiggelen

"Urgroßmobber"

Mobbing gab es auch schon früher,
kaum zu glauben, aber wahr.
Lästermäuler, die gern neckten,
nur nicht in so großer Schar.

Damals hieß es schlichtweg "Hänseln",
kränkte man ein Menschenherz.
Das Ergebnis war dasselbe:
Es verspürte tiefen Schmerz.

© Norbert van Tiggelen

Vorgetäuscht

Die Schönheit eines Tieres
ist oftmals grandios,
die Zeichnung manchen Felles
so prachtvoll und famos.

Drum meint der Mensch nicht selten:
Trägt er eines Tieres Kleid,
wär' er erfüllt mit Schimmer
sowie mit Ehrlichkeit.

Doch Vorsicht! Mensch, sei achtsam -
es ist nur (d)ein Gewand.
Ob du letztendlich schön bist,
entscheidet DEIN Verstand.

© Norbert van Tiggelen

Vorsicht Arbeitslager!

Herzlich willkommen
im Club der Idioten,
in der Gemeinschaft
der Sklaven und Boten.

Hier wird malocht, selbst
wenn du kannst kaum stehen;
da hilft dir kein Winseln,
kein Jammern und Flehen.

Hier wird dem Chef
keinesfalls widersprochen -
ihm sogar noch in
den Hintern gekrochen.

Schließlich ist's so,
dass, wenn wir nicht parieren,
wir unsren Job
auf der Stelle verlieren (könnten).

Arbeit macht frei!

© Norbert van Tiggelen

VORSICHT beim Outen!

Sich zu outen, ist gefährlich,
und ich sag dir auch, warum;
hab es oft genug erfahren:
Nicht ein jeder schweigt - wie dumm!

In ganz höllisch schweren Zeiten
habe ich mich angelehnt,
denn ich habe mich nach Obhut
und nach guten Tipps gesehnt.

Doch ich musste oft erkennen:
mein Vertrauen wurd' missbraucht;
deshalb ging ich eigne Wege -
und bin somit abgetaucht.

Darum rate ich dir eines,
ist ein Rat ganz lieb und fein:
Prüfe gut, bei wem du beichtest -
denn es könnt' ein Schwätzer sein.

© Norbert van Tiggelen

Wahre Champions

Champions werden nicht geboren,
nein, sie müssen lange fighten,
sich mit Nebenbuhlern raufen -
debattieren, kämpfen, streiten.

Einen langen Weg begehen,
der oft steil und holprig ist,
sich gemeinen Menschen stellen
und so mancher Hinterlist.

Siegeswillen stets zu zeigen,
sieht's auch noch so düster aus;
Fehlurteile zu verkraften,
Zeiten ohne/mit Applaus.

Hat ein Mensch all das erduldet,
ohne dabei fortzurennen,
steht noch meinungsstark im Leben -
darf er sich ein "Sieger" nennen.

© Norbert van Tiggelen

Weihnachtsloch

Opa hat 'ne kleine Rente,
Oma, sie ist schlecht betucht.
Muttis Haushaltsgeld reicht grad so,
Vati schon seit langem flucht.

Weihnachten sieht's immer bös aus,
gerade dann, wo man's doch braucht.
Immer wieder im Dezember
der Kamin nur ganz schlecht raucht.

Die Geschenke sind dann, klar doch,
meistens kleiner als geplant.
Noch vor Wochen sah's doch gut aus -
niemand hätte das geahnt.

Kinder schauen dann oft traurig,
Glücksgefühle liegen fern.
Schlimm ist, wenn sie dann noch denken,
dass man hätte sie nicht gern.

©Norbert van Tiggelen

Wer hat, der hat!

Kennt ihr diese Schreckfamilien,
die zum Weihnachtseinkauf zieh'n,
stapelweise Geld ausgeben
und zur Schand' ist's noch gelieh'n?

Wollen sich mit noblen Gaben
machen eine große Freud',
prahlen lautstark in den Gassen:
Schaut nur, wer wir sind, ihr Leut'!

Hell erstrahlen Lichterketten,
protzig glänzt der Weihnachtsbaum.
Selbst der Hund trägt brav ein Flohband,
Tannenduft in jedem Raum.

Ein paar Wochen nach dem Feste
- wie sollt' es auch anders sein? -
rennen die Gerichtsvollzieher
denen dann die Türe ein.

©Norbert van Tiggelen

Wie uncool!

Vati, Mutti, Oma, Opa -
alle pleite, welch ein Graus!
Fällt aus diesem üblen Grunde
auch das Fest der Liebe aus?

Das denkt sich der Spross seit Tagen,
was ihn nachts nicht schlafen lässt.
Er ist nervlich so am Ende,
das er fast ins Bettchen nässt.

Keine coolen Großgeschenke,
das wäe' die Blamage pur!
Wenn die Spielgefährten prahlen -
was erzählt er ihnen nur?

Die Familie macht sich Sorgen,
sie erleiden große Pein.
Denn sie wollen für den Sprössling
möglichst cool und trendy sein.

©Norbert van Tiggelen

Zucht und Ordnung

Heute ist doch vieles anders
als vor dreißig, vierzig Jahr'n,
wo wir auch im jungen Alter
hilfsbereit und folgsam war'n.

Es gab keine Diskussionen,
und von uns auch kein Geschrei.
Wenn die Eltern etwas sagten,
gaben wir zumeist klein bei.

Schau ich heut' aus meinem Fenster,
trifft mich ab und zu der Schlag.
Kinder richten ihre Eltern -
was wohl Gott sich denken mag?

© Norbert van Tiggelen

Zusammenhalt

Dort, wo meine Kinder out sind,
da wird man mich auch nicht seh'n;
werde meinen Edelsteinen
immer treu zur Seite steh'n.

Wer mit ihnen nicht gut auskommt,
der ist daran selber schuld.
Habe sie zu gut erzogen,
mit viel Liebe und Geduld.

Der, der über sie schlecht redet,
und das ist jetzt ernst gemeint,
hat mich für den Rest des Lebens
garantiert zum größten Feind!

© Norbert van Tiggelen

Zuversicht

Nicht jeder ist ein Glückspilz,
das würde gar nicht gehen.
Es gibt auch leider Menschen,
die oft im Regen stehen.

Doch Freunde, glaubt mir eines:
Verzweifelt bitte nicht!
Ein noch so langer Tunnel,
der zeigt am Ende Licht.

©Norbert van Tiggelen

Nachwort

Verehrter Leser!

Das war sie nun, "meine" Gedankenwelt rund um das Leben des kleinen Mannes, und "wir" hoffen, Sie nicht gelangweilt zu haben.

Oft frage ich mich, ob sich in meinen Gedichten Dinge widerspiegeln, die ich von meinem Vater anerzogen bekommen habe?
Mein Vater war stets ein ehrlicher Mensch, der keinen Neid kannte. Ebenso redete er nicht über andere Menschen und hielt sich aus deren Angelegenheiten stets raus.
Er drängte seine Hilfe niemals auf, aber lehnte sie nicht ab, wenn er gefragt wurde. Er war ein Meister der Selbstdisziplin. Wenn er in der Weihnachtszeit ein Marzipanbrot geschenkt bekam, aß er noch zum Osterfest davon, weil er sich jede Woche mit seinem Taschenmesser eine kleine Scheibe davon abschnitt und das Brot danach wieder ordentlich verpackt zur Seite legte. Das Taschenmesser lag natürlich direkt neben dem Marzipanbrot auf einem Papiertaschentuch, welches er dazu nutzte, die Klinge zu reinigen, nachdem er sie gebraucht hatte.

Er war ein pingelig genauer und ordentlicher

sowie vorausschauender Mensch. Wenn er sich zum Frühstück oder Abendessen, seine "Stullen" schmierte, sah ein Brot aus wie das andere. Dass Wurstreste auf dem Brettchen übrig blieben oder eine Streichwurst phlegmatisch und hügelig aufs Brot aufgetragen wurde, so etwas gab es bei ihm nicht.

Er klebte Schilder auf Leitern oder Regale und schrieb das Wort "Leiter" bzw. "Regal" drauf, damit man bloß die Leiter oder das Regal erkannte und alles seine Richtigkeit und Ordnung hatte. Er war ein Moralapostel, der mich immer wieder an Dinge erinnerte, die ich nicht tun sollte.

Er war aber auch ein relativ strenger Vater, wenn ich ehrlich bin. Bis einen Tag vor meinem 18. Geburtstag musste ich um Punkt 22 Uhr daheim sein, ansonsten stand der Haussegen schief, auch wenn es nur zwei Minuten später gewesen wären.
Er verlor niemals die Übersicht. Auch in brenzligen Situationen behielt er stets einen kühlen Kopf...

... er, der mir als sechsjährigem Knirps 1970 das Leben rettete, weil es ihm gelang, mich noch rechtzeitig ins Krankenhaus zu schaffen, indem er sich mit mir auf dem Arm mitten auf eine Straße stellte und ein wildfremdes Auto anhielt.

Es ging damals um Sekunden - vielen Dank,
Papa! - und unsere Leser werden es Dir
ebenfalls danken, da bin ich mir ganz sicher.

Albert van Tiggelen †22.12.2013

Neuanfang

Meistens trauert man um Menschen,
wenn sie plötzlich nicht mehr sind.
Man zerbricht in tiefem Kummer,
spürt den kalten Lebenswind.

Doch glaub' mir, es wird sich lohnen,
dass ein Herz war gut und rein.
Denn für Seelen, die's verdienen,
wird der Tod ein Anfang sein.

Ihr Autor
Norbert van Tiggelen

Impressum

Titel-Idee:
Marna Folke, Emden
&
Uthe Fischer, Buchholz/Nordheide

Lektorat:
Heidi Friedrich, Lampertheim

Texte:
© Norbert van Tiggelen,
Wanne – Eickel (Herne 2)

Viel zu schnell vergeht ein Jahr

Der Januar, meist fad und kühl,
er bringt nur wenig Wohlgefühl.
Das Tageslicht, es hält nicht lang,
kein Vöglein singt mit schönem Klang.

Der Februar, er schlummert auch
im stillen, leisen Winterhauch.
Doch einer macht meist laut Krawall:
Es ist der liebe Karneval.

Der März lässt unsre Seelen träumen,
erste Knospen an den Bäumen.
Das Tageslicht lebt merklich länger,
es werden lauter, Gottes Sänger.

Der April - mal schön, mal schlecht -
macht es keinem wirklich recht.
Sonnenschein und Graupelschauer
bringen Freude als auch Trauer.

Der Mai ist eine wahre Wonne,
zeigt uns immer mehr die Sonne.
Angenehm die Temperaturen,
Lieblingssport sind Fahrradtouren.

Der Juni lässt den Sommer leben,
Schmetterlinge lieblich schweben.
Sonnenbad auf grünem Rasen,
Pollen kitzeln in den Nasen.

Der Juli bringt oft heiße Tage,
manchmal eine große Plage.
Des Baumes Tracht ist ausgereift,
man nach leichter Kleidung greift.

Der August, nicht minder kühl,
Luft wird stellenweise schwül.
Tageslicht verkürzt sich still,
manches Blatt zu Boden will.

Der September, je nachdem,
stürmisch und auch angenehm.
Sonnenlicht kriegt weiche Knie,
Schluss mit warmer Hierarchie.

Der Oktober bringt nicht leise
Ast und Laubwerk haufenweise.
Nächte werden langsam kalt,
Gott die Blätter rot bemalt.

Der November, bringt mit Lichtern
Glanz und Frohsinn in Gesichter.
Bäume sind jetzt schon fast kahl,
festes Schuhwerk - erste Wahl.

Im Dezember Flocken fallen,
Weihnachtslieder lieblich hallen.
Kaum zu glauben, aber wahr:
Viel zu schnell vergeht ein Jahr.

©Norbert van Tiggelen